風のあこがれ

OOTANI Makiko
大谷真紀子

北冬舎

風のあこがれ❀目次

一

春の卵 …… 011

家族の絆 …… 017

異界の入口 …… 023

吉田漱氏を悼む …… 029

歳月 …… 032

別解 …… 035

故里 …… 040

風のむこうに …… 043

亥年O型 …… 047

喧嘩太郎 …… 051

二

巻貝 …… 057
美しき耳 …… 062
思いの渦 …… 066
子規の柘榴 …… 070
吉備と筑紫と …… 074
流政之 …… 078
光るもの …… 081
空の果て …… 084

三

天使の卵 …… 091
夢見る猫 …… 096
東京の草 …… 101
古井戸の水 …… 106
あおき影 …… 110
古椅子に …… 114
千年生きよ …… 119
悼 中島渉 2013年1月19日 …… 123
歴史 …… 126
壮年 …… 131
一瞬の歓 …… 135

ここにこうして ……… 139

四

いつの世に ……… 149
竹の里人 ……… 156
岡山 ……… 159
旅 ……… 164
白道 ……… 172
漂流家族 ……… 176
ランナー ……… 180
ほのあかり ……… 184
静子さん ……… 188
血族 ……… 193

広島訛り …… 197
戦後の生まれ …… 203
スプーン …… 207

あとがき …… 213

カバー絵＝「光」佐藤孝洋
F20／油彩
装丁＝大原信泉

風のあこがれ

春の卵

めくるめく五月の苑生の陽のはだら〈私は誰の影であろうか〉

胸ふさぎ皿洗いいし北窓に守宮は白き腹ひるがえす

まだ固き花の萼に触れ来たる指（おゆび）に摑む烏賊の臟物

「母さんはひきこもりです」あからひく日にけに伸びる春の日浴びつ

疲れのみ残る思いの会なりきガーゼのような雲の下行く

草の間に潜みていたる蟷螂の保護色ほども賢くなれず

月の夜は恋人の掌がつかみ出す春の卵を温めに行こう

楕円軌道をゆるり巡りて午後三時ほんとうは嫌いあなたのことを

弱虫も苛められっ子もここにおいで袖をひろげて匿してあげる

少年の死にたる海のまひろきを直線に飛ぶ一羽の鷗

闇の中光る鋭利な細き眼に「誠意を見せよ」と詰め寄られいん

示談書の書式にひと日を費やせどいまだ決まらぬ方策ひとつ

相談窓口の刑事は近所のおじさんでわれらも根づくこの埋立地

毅然たる態度にあれとさとされてふたり親ばか畦道かえる

急ブレーキのジュースの零れが端緒なり肩を落として子は戻り来ぬ

家族の絆

誰ひとり帰らぬ夜を独りごつ「夫は漁に、息子は狩に」

逆風の荒ぶ職場と言い置きて駅へと向かう夫を見送る

予算また削減されぬ世の中の悪のようにも夫の業界

単身の赴任いくたび荷の中に使い慣れたる耳搔きも入れ

夜発つは淋しと言いぬ現代の防人の背に水無月の雨

甘美なる思い出なんてうそ臭く梅雨の晴れ間の草を引きいん

深井なす夢のあわいに点滅の蛍火がほど家族の絆

五人家族四箇所に暮らす八月尽米を研ぎつつ鼻歌うたう

「見切品」のワゴンの中にバジリコが香れるほどか五十路の憂い

晩節も黄なる華やぎありにけん一人を胸に仰ぐ銀漢

風となりわれに来ませる露子さん声すずやかに扉を押しぬ

待ちつづけまちつづけいて忘れられ衝く息しろく四方に流るる

雨だれが沁みて一ヶ所乾かない遠きあやまちひとつあるごと

秋の陽に翳る一樹が総身を揺らして零す光の滴

生活の乱れを正せと諭す手紙の楷書の文字の美しかりき

山茶花に今日は目白が来ましたとそれだけのこと伝えたくなる

沈丁花のはやふくらみて朝なごと真白き猫が根方に座る

異界の入口

「レス・イズ・モア」耳にやさしく残る午後藍の香りの風渡り来ぬ

人語なき真昼の団地に猫よけのペットボトルが歪みて光る

繫がれて喘ぎておりし犬よりも哀しき瞳（め）をして夢の中なる

大鍋に赤茄子つぎつぎ放り込み潰しいたれば外は土砂降り

ありったけの力をこめてようやくにこじ開けにけり魔女の抽斗

花蘂に汚れしレースを畳みつつ四方八方塞がれてゆく

ひとり来し博物館の木の椅子に眼を閉じてながく座りぬ

覗きこめば冷たく暗き石棺にざらり起ち来ぬ古代の風は

唐突に一枚の絵は中空ゆ心狂えと舞い降りて来ぬ

絵の中の女となりて梯子段のぼりつめたし花撒く空へ

踏み出して崩るるごとき目の眩み蚕豆の花は天に絡まり

鬼の泣き音のいずくに聞こゆ一条の光きらやかに射しいる森の

あなたには青い大きな尾があって玻璃の底をそっと撫でます

絵描きさんは不幸な羊を塗り潰しアラブの砂に溶かしてしまう

利鎌（とがま）なす月の光は押し照りて羊の群れは移動を始む

キーワードは〈気儘な羊〉袋小路を折れて異界の入口に立つ

吉田漱氏を悼む

静脈の浮きて冷たきその指のなお冷たかり耐え難きまで

かんばせは白布に覆われいたりけん台風十一号去りにし夕べ

苧環（おだまき）の花鉢かかえ昭和五十七年に吉田夫妻の官舎訪ねき

再会に涙少しく見せしこと淡き悔いなり最後となりぬ

雨しぶく窓に浮きくる「斧の顔」今生にもはや会えざりし顔

「時を惜しめ」と励まされしを胸に措き九月十二日ひと日を籠る

温容に競わずありにし吉田漱を怖れ思いぬ絵葉書を手に

歳月

ロールシャッハテストのようだ蝶となり飛びたつ影の数限りなし

歳月が塊となり燃え始め窓辺の少女もいなくなったよ

切り株に座して幾年うす暗き森に須臾の間ひかり射したり

耳塚のかくはありけん花びらにあらぬよそっと覗いてごらん

うす汚れ生きゆく様を笑うがに吹き荒ぶなり春の嵐の

蹲り地の膚(はだえ)に手を置けばよみがえりくる遠き敗北

確かそう三島自裁の夜のこと少し距離置き送られしこと

「ここだけの話」の続く昼下がり子機持ちわれは部屋をめぐりぬ

別解

歌により得し友なりぬ伝えくれしは近藤選歌の終わるということ

あくがれし向山の家を訪め行かず歌に知るのみ梍莢(さいかち)の坂も

封をせず一日を置く墨書せし先生宛の九月の歌稿

思ほえずなお聞こえ来ぬ先生が「やあ」と手を挙げ壇上に立つ

仏蘭西にわれを誘う人ありき若きその声先生の声

この国を出でしことなき私にフランスの香りふり撒きに来よ

友は今凱旋門を通り抜け緑多なる風の中なり

ふたり行く本通り界隈ふんわりと現れ去りぬ河村盛明

田井安曇その四角い文字に書かれある一行の歌青いインクに

古書店に夫待ちくるるしばらくを手に入れ難き歌集をめくる

平成の女は怖しかたまりて靴ひびかせて近づき来たる

「私にも考えがある」友人の口癖まねてひとりの真昼

別解は必ずやある補助線を一気に引きて逆さにかえす

故里

父母も縁者も老いて故里の樫の一樹も伐り倒されぬ

古傷の瘡蓋としてざらつきし蛇紋のような幹の手触り

樹の下にわれを立たしめライカ向けし含羞ふふむ父も若かり

こんなにも大きく育ってお下げ髪ならべ歩みし幼友達

せっちゃんが削る鉛筆みな細くきれいに芯が尖っていたね

故里の畦道ぬっと抜け出して三十余年の錆びし風ふく

風のむこうに

口中を溶けゆくフォアグラにがきかも三十路に近きわが子とふたり

わたくしも大弐三位もかわるなし風吹けば風は人を思わす

五十路なる身を寂しみてひしと抱く仔犬のミミの口が臭えり

二十年続けし仕事もあつけなくオーバーとなり柿を喰いおり

赫くあかく染め上げたきを夜の髪の湿りを帯びて鏡にけぶる

よく光る細きその眼を怖れつつ目を逸らしながく手を振りいたり

わが視野を覆うものみな青ざめて無音にあるを記憶せよ、深く

朝刊をはらり抜き出す夫の手が包みかくして近藤芳美

昭和なる風の恥しさ会う会わぬ決めかね渉る夜の鉄橋

生きている実感しかとありし日の風のむこうに立ちたし今も

海深く棲息をする貝もありときにあぶくを少し吐きつつ

亥年O型

ちょいワルは大東京の空の下かぐや姫など探していしや

夫宛の衣類にしのばす文庫本『「不良中年」は楽しい』読むべし

野良猫の論理に生きたしうっとりと亥年O型夫の呟き

「帰れない」短く切れて茫々と霧に拡がる枯れ葦の野が

有り無しのさびしさ兆す春日の陽射しは昏し夜よりもなお

酔いどれのわれの与ひょうが送り来ぬ囁くごとき息のぬくとさ

降格の人事伝えて夜の巷に紛れ行きしか卯月朔日

長すぎる週末二日のはじまりは動物園に行こうゴリラに会いに

直線を引きしが右に片寄りてさねさし相模のささ波走る

身を尽くす弟橘媛たれそれはそれ財布の底のみ気にしています

喧嘩太郎

吉備の野に小草ほつほつ芽ぐむ頃来よとは言わず待つとも言わず

「明日来よ」といわれしばかりに思い立つ山口行に胸はざわつく

「まだ来んか?」教師の声が戻れりと妻君あかるく携帯(ケイタイ)電話を閉ず

若き日の伊集院氏の油絵も三十八年ぶり「勝利せん」とぞ

その筆のゲルニカを強く意識して十七歳の君が書き上ぐ

潔癖を危ぶみ幾たび受け取りし恭子さんの手紙もいつか失う

山積みの本のさ中に起ち居する和服姿の恭子さんいます

火の中に飛び込むように生きるなと諭しくれしが胸に蘇りぬ

入院は二十一回目とあいなりて見知らぬ人の相に臥しいん

先生の足を撫でたりそのかみの喧嘩太郎の百姓の足

生涯を忘れぬ春のひと日なり新山口の駅に手を振る

11

巻貝

宙吊りの影ある夜の橋半ば息つめて見る流れの重さ

酩酊も演技の果てと思うまで心を衝きて夜陰に紛る

ささくれし思いに仰ぐ三日月の先っぽあたり止まり木ならん

烏羽玉の彼方に過去世のあるごとく油じみたる星が犇く

根拠なき自信を鈍というなかれ読むにも疲れ見るにも疲れ

反論も詰問もせずそのはてに小指がほどの巻貝となり

朝なごと基準値を超す血圧をメモに残してひと日はじまる

仕事好き昂じて朝のヒステリー茂吉と思えと机を叩く

土が合うそれだけのことはみ出して通路も塞ぐ黄花コスモス

秋風の言わす言葉は儚げにノートの端のKのメルアド

自意識の過剰を抑え「さようなら」このさらりこそ問題である

踏み出し一歩に礫のからまりて木蔭にすこし立ち止まりたり

美しき耳

背に当たる秋日のように届きくる仕切り直しを謀る言の葉

苛立ちて切れるは若者のみならず猫より鋭き爪を持つ女

置き去られ石となりたる哀れさに黒髪のごと縞模様ある

かわたれは誰ぞ美しき耳をもち夕映えの楽さざなみの楽

西空にくちびる少し開きいて黒いレースを垂らし続ける

読み終えし歌集に満ちる明るさに群肝かげらせ深呼吸する

歳月を肴に交わす黒霧(くろきり)島の備前岡山まだ宵の口

チャドクガのみっしりとして艶葉あり山茶花の枝切りに切りたり

ゴムの葉に移動していしさみどりもしぶとく生きる地球の仲間

『葦船』を立ち読みしていん母さんのにおいのように光さしたり

思いの渦

見るほどに美しいと云う傷心の夫が目に追う伯耆大山

閑職となりてメールも来ぬというゆるく傾斜す新任地まで

共に棲まぬ夫婦にてある歳月の重さ軽さは言わず互みに

塩辛き唾液に少し鉄さびの匂いの混じるきさらぎの朝

酔いどれて歌えば憂さも吹き飛ぶや電話の声の弾む夜なり

ねんごろに古都路が染めし布をもて春近き灯に遊びするかも

むらさきの薄き布地を花びらのかたちに断ちてふわり重ねる

あずさゆみ春遠山に靄なして思いの渦に転がるスプーン

電子音たてつづけ鳴る朝の夢に金色の馬天を駈け抜く

霧はれる日々にてあれな青年の眼の奥がいたく澄みゆく

子規の柘榴

子規と別れ岡山に到るは明治二十五年　燕飛び交う句碑のあたりに

思わざる漱石の句碑に礼をしてブロンズ猫の頭（ず）を撫でやりぬ

ほととぎす満月に鳴けと励ましき子規の落第知りしこの地に
（鳴くならば満月になけほとゝぎす）

よく生きるそのことのみを貪欲にさあれ編みつぐ自傷のごとく

花の名は鬼薊しか知りまさぬ先生の遺影その花揺れる

ほどのよき間を置きとおくかかり来し電話も絶えて待つこともなし

小さなる赤きサンダル五十年前に先生が買いき恭子さんのため

子規庵を訪れましき雨の日の六十路のおとこ疲れし面に

三田尻の港に佇ちて思うかも海をぞ隔つ父母の産土

男ならと歌い起こして長州の男とことわよき男たれ

誇り高く生きて死ぬこと切なかり子規の柘榴に雨ふりそそぐ

吉備と筑紫と

邑久郡(おくのこおり)邑久(おく)の在所に吹き渡る実り黄金のまじる秋風

黄金なす収穫時のゆうぐれに火を負う者ぞひそと過ぎたり

渡来系の地名を遺すこの里をプロヴァンスと類えし岡井隆よ

吉井川を渡れば美女の住みていき橋のなかほどぎらり夕焼け

千年か昨日かさえけじめなく吉備の春野に寄り添うふた木

*

万葉の昔むかしの媛さまの生まれし里ぞ大伯といえり

牛窓ゆ筑紫に向かう船団のまぼろし見ゆれ月も出でたり

月待てば潮もかないし綿津見に古人（いにしえびと）の袖流れ来よ

日本のエーゲ海とぞ旅人の顔して行けばまさびしけれ

身（しん）深くしらぬい筑紫の鱗（いろくず）の尾鰭胸鰭そよと戦げり

流政之

眼光の鋭き八十六歳腕を組みこの世の外のものを見ており

庵治石(あじいし)は女の丸みのふくよかさフォルム無駄なくわが前にあり

わが肩を摑みて脂のつき具合確かめ笑う流正之

零戦のパイロットたる青春の旗に集いき京都の若人

「流れ者の正やん」とて寂聴尼のあいさつ文に友情こもる

父上は菅野すが子に縁あり立命館創立者中川小十郎

光るもの

漆黒の海を必死で泳いでいる。一人ではない。確かに私は誰かと指を絡めて泳いでいた。崩れかけたコンクリート壁に、うっすらと影がひろがってゆく。見定め難い影は、やがてくきやかな形象をあらわす。七体の人形が、ひとりの男によって操られている。ムーシュ（蠅）と呼ばれる少女の痩せた体を月明りが照らす。少女の骨がきしきしと音を立て続ける。物陰から人形たちが、じっとその様子を盗み見ている。

むらさきに髪染め上げる月明りただ一度のみ名を囁きぬ

底無しの井戸を覗けば七体の人形はみな目を瞠きて

清泉の砂にまじりて舞い上がるきらら微かに光るものあり

加速して堕ちゆく男を忘れかねつ宇宙のまん中、漠とありにき

夢すらも現と思うけじめなさ大き三日月は綿津見の上

光るもの〈愛〉とし呼べば涙落とすその愛人の白き腕に

灯を消して本を閉じたりきれぎれに浮かぶ日本語　矢川澄子の

（『七つの人形の恋物語』ポール・ギャリコ／矢川澄子訳）

空の果て

五十代となり、しきりに思うのは、生き得なかった人生の、帰ることの出来ない場所、帰らない場所のあること。帰らなければならない場所、帰ってゆく場所のあること。いつの日の、どこが、分岐点だったのだろう。人生の大事の決断も、幼児が風にふわりと転がった風船を追っていったら、たまたまこの道だったという程度のことにも思えてくる。

追いかけてふわりと空に飛んだのは紙風船と私のからだ

ユリノキの葉がぺったりとアスファルトに貼りついている。久しぶりに履いたピンヒールのせいで、転びそうになる。若い男が、ポケットティッシュを配る。ほとんど機械的に通行人に渡していく。疲れを全身にまとったような青黒い膚、なのに、ティッシュを配る手の甲には染みひとつなく、静脈がさやさやと流れるせせらぎを思わせる。華奢な手だけが疲れを知らない。

さきほどまで、女友達数人でホテルのバイキングの昼食を楽しんでいた。余韻を愉しむように、また、ほっとした気持ちで、驟雨の過ぎた街路をあてどなく、一人で歩く。ユリノキの間から、すでに、かなり西にかたむいた夏の陽が射し込んでいるが、街路樹のむこうに水を打ったように静かな青い空が拡がる。

もう使わなくなった子供部屋の隅に、埃を被っている玩具や地球儀、捨てる気持ちにはなれないけれど、今は無用の物たち、そのように、心という空間に棲みつづけている記憶の数々がフラッシュバックしてきて、名状し難い感覚に襲われ、顔を覆いたくなる。

　果てしなくひろがるレンゲ畑、はじめて伸ばした髪に結んだ木綿の花模様のリボンの手触り、湯気のむこうの母の薄紅の耳、そうした記憶の断片が雨に濡れたアスファルトの匂いとともに、ゆらゆら立ち上がってくる。
　女が向こうから来る。外国のブランドものとおぼしき洋服に細身を包んで、心地よく靴音を響かせて。視線が合う。会釈をしたくなる。親近感が瞬間、生まれる。女は、手に提げていた傘をすばやく畳み、大きめのバレンシアガのバッグに放り込んだ。狭い舗道で女の腕が触れた。「ごめんなさい！」はっきりとした声だった。軽く会釈して擦れ違った。

振り向けば貴女は私のおかあさん百年前からおかあさん

ぎんぎらの夕焼け小焼けのさなかです私の背中に翅が生えたの

桃色の西空のかなたに、翼の生えた天使がしっかりと風船を抱え、漂うようにいる。天使の影はおそろしい勢いで増えつづけ、やがて空一面、砂金を撒き散らしたようにきらきらと輝き始めた。きらめく紗幕のむこうから振り返るどの顔も、見覚えのある、なつかしい思いを誘うものに変容していった。

昏れなずむ薄闇のむこう、たくさんの天使たちは一団となって、先へ先へと、大空を飛び続けていた。

金色の紗幕はためく空の果てもう戻れない場所のごとくに

天使の卵

夕焼けがとても怖くて蹲るひろがりゆける影につつまれ

怖ろしい雨が降るぞと幼き日ニュースに聞きてやがて忘れき

空に舞う塵にくっつく翅のなか天使の卵孵りつつあり

この国のゆくえ如何にか十方に夕陽をたたみ草靡きたり

シャベルもてものの根を掘る女の背その一心に目を逸らせたり

隔たりの少しく生れし思いあり夜の湿りに夏服たたむ

輪郭の滲む満月ねっとりと卵黄のごと雲間ただよう

もう少し傍にいてよと名月がいびつな林檎に囁きており

日曜の朝は影たち寄せ集め辻の向こうの広場に行こう

フリマには昭和の家族のにおいありレトロモダンのコーヒーカップ

帯飾りの紐の具合を褒めにつつゴーダチーズはやさしく溶ける

ふわもこのジャケットの奥より顔を出し赤子が笑う肉の売り場に

写メールにみどり児眠る生命樹のそよぎ明るき先頭に立ち

夢見る猫

家猫に留守居をさせてふらふらと梅雨の晴れ間を何処ともなし

木賊(とくさ)の森を分けて去りにき百間の愛猫にしてノラという名の

三味線になりしや犬に喰われしや猫は帰らず名作はなる

百間の産まれしあたり漫ろ行く古京(ふるぎょう)町のうら寂しさよ

古京に細川謙三住まいして学びしならん弊衣破帽に

あっぱれと云わんばかりに腕ひろげ夢見る猫は眠りつづける

前足をぱっと広げて半回転ひしゃげしままに膝に乗り来ぬ

かすかにも鈴は鳴りしが応えせずわが愛猫にしてフーという名の

目を凝らし窓に貼りつくふーちゃんが天道虫に狙いを定む

小顔にてスラリ尾長の器量よし我が家のお嬢は窓際が好き

窓辺より茂吉に移りフリーズし狙い定めて跳び上がりたり

頬杖の吾を見ており三毛猫は岩波茂吉のてっぺんにいて

東京の草

今少し腹の据わらぬ女よと二杯目よりは本音も覗く

古女房酔わせ今宵は街の灯も雨に流るる田町界隈

希望とか夢とか辞書になき人と淡き縁にながく連れ添う

五度目なる卯年はめぐり今さらに大胆不敵の気の纏わるよ

日本橋ここぞ終点おりおりを歩き通しき下関より

この橋を渡れば会える会えそうで息つめ渡りき相生橋や

工場に窓ひとつなし灰色の壁にひったり沿いてわが行く

東京の草は静かに泣きていん夕陽を背（せな）に揺れるともなく

三越の天女像の辺ひっそりと鑿をはなさぬ影は寄り添う

あくがれは田中美術館に知りしよりつよく思えば叶う逢いなり

玄々は朝山がこと十年の歳月かけし像を見上げる

歌一首はらり降りきて冷えしるき膝ぬくめしがたちまちに消ゆ

消えそうな一語を追いて手を伸ばすさながら左様そののち知らず

古井戸の水

岡山藩閑谷学校に通いしをその獣道スミレ咲きいつ

頂上は県境なり誰の手に積まれしものか石の塔あり

山を越え徒歩（かち）にわが来し上郡　大鳥圭介生れし里なり

この坂を越えて学びし先人を思いていたり大鳥圭介

山ならず岩にもあらぬ嵩なれど笹無山なる名を遺しけり

あけぼのの春の湊や笹なしの佐々木盛綱語り継がれて

浦人の母の恨みは時をこえ言葉に声に謡曲「藤戸」

背の山は合戦が跡清らなる水を湛えて蘇良井戸という

穢れあるこのうつし身と思うまで手に走らせる古井戸の水

沙羅双樹ひそと咲くらん藤戸寺に水無月の雨しきり降るころ

あおき影

賜いたる琵琶を象るブローチにさされ浪寄す淡路をめぐる

天空ゆそそぐ陽がなか清らなる声はこそすれ「こをろこをろ」と

靴ひもをきつく結びて三万歩いくつの橋をわたる新春

ひとりなる昼餉の席にとどきくる京の言葉を愉しみており

幸いは心の裡に在るものをながく祈りき壱比賣(いちひめ)さんに

FUKUSIMAは遠くにあれど影響のここに及びて足許寒し

私を擦り抜けあおき影ひとつアスファルトの上に伸びてゆくなり

階段のひとつが抜けてこれやこのこの世の底へ足とられいつ

魔女かともふわりと消えてまた来たる二人三人面は伏せつつ

扉ありつぎつぎにあり雲居なす月のひかりに薄く浮き来ぬ

古椅子に

ひと日過ぎひと世去りなん大窓に伯耆大山眺めいし間に

古椅子に言葉のように置かれいし綿毛タンポポ恥ずかしげなり

その指のやさしき動き思いつつ植田正治の名を記憶する

梅花藻の天ぷらというをいただきぬ喉過ぐれば花影の添う

つつましくさやけく咲けよ梅花藻の花の一輪わが水脈に

ここよりは跳躍せねば山茶花の紅が真水をつと流れたり

いやましに待つこと楽しむ春ひがな牡丹の落花ながめていたり

胸に満ち引きては寄せるさざ波の声を思えばちから漲る

犬と猿キジも引き連れ参ろうぞ「さくら」の窓の外を見ながら

動くやと見えて野ねずみ現れぬ古りし図録をめくりておれば

小豆洗いの伝播経路思いおれば櫂に飛沫がどっと上がりぬ

「喰らうより頭を使え」メール来ぬ夕餉の菜を考えおれば

いちにちに日焼けせしわれ指さしてダルマのようと大笑いする

千年生きよ

暗き目に吾を視るものか吊るされて千年生きよマティスの娘

絵の前に少し微睡み絵の前に目覚めし辰雄　昭和十六年

「あじさい」は「あぢさゐ」がよし六月の雨ふる岸辺その花見つつ

緑陰にページ繰りおり若き日の書き込みのある『断腸亭日乗』

欄外に戦争停止と墨書一行八月十五日　日記は残る

わずかなる水に映りて現れぬくろぐろとして大き日輪

朝方の雷(らい)は季節を入れ替えてそよそよそよと秋風わたる

青春のまっさかりでした一九七〇年十一月二十五日真昼

松濤の三島家の村もて遊びせし男ありけり柳幸典

刃のごとき筆跡相似し二人なり名古屋のタケル鞘鳴る三島

悼 中島渉 2013年1月19日

窓の雪たちまちにして絵のように優しかりしをふと怖れたり

天に在り心（しん）にいませり和邇のごと大き背中がぐらり動くよ

知に過ぎし君をさびしむ宵ながらほんとうのことは囁くように

「噫」という一語を師より引き出してあわれ逝きたり若く逝きたり

燭の下に和服談義のきりもなし帯の結びも話題にのせて

芭蕉布のふわり過れり初めての会いは東京愉しかりしに

なにゆえにかくは惹かれんむらさきの若主きみは天上界へ

アガスティアの葉を喰いつくし乱舞せよナカジマワタル麗しの蝶

歴史

誰が名付け誰が呼びしや血吸川はそき流れに椿一輪

ひそやかに淡き紅にじませて踊子草は寄り添い咲けり

せせらぎの澄みて流るる山のなだりこの世の鬼も蹲りおり

鉄器あまた出土なす里遠き世の吉備の栄を今に伝えて

出雲あり吉備ありながら真秀(まほ)ろばの大和たち立つ民の煙の

赤松の林を抜けて会いたかり見目うるわしき荒ぶる温羅（うら）に

*

海上に生れし媛さまそののちの運命（さだめ）は知らず大伯（おおく）といえり

綿津海に鋭き雁声の響く夜を船は航きゆく熱田津めざし

これよりは神の花妻解かれいていかな思いに青峠越ゆ

皇女(ひめみこ)の髪か靡かう夕茜急ぐことなく野の道行けよ

向日葵のぱんと咲きたる笑い声ふとく捩じれて天にも届け

壮年

きさらぎの奇しきひかりに表紙絵は隕石かとも「未来」が届く

オペレーターひとり死なせて春は来ぬ工事現場の丘に花咲き

壮年の男に幼子ふたりあり手を合わす斜面に仏の座咲く

労災の書式調うさはいえど一家の柱は帰ることなし

経済の発展の影ひったりと無名者の死ありありて語らず

戦争に征くことのなきこの国に事故死は多しまして自死さえ

皇太子に刀献上せしことも明治某日　榎本武揚

星を仰ぎ地図を作りきそのなかに榎本武揚の父なる箱田

伊能図を目に追ひしばし海峡の波を蹴上げて蝦夷地が浮かぶ

多国語をあやつる男幕末を北へ北へと活路求めゆく

一瞬の歓

山路抜け沼ひとつあり浮き上がる鯉は口よりはなびらを吐く

墓原の山のさくらはひそやかに昔語りを聞きて立ちおり

ひと束の黒髪つかみ去りがてにほうっと息つきはなびら散らす

花散らす小雨は錦紗のごとくして誰が袖なるや小走りに去る

千日紅いち輪咲きし喜びにきびきびとせり朝の立居の

黄の蝶がまことひらひら舞うており生命たけなわ　一瞬の歓

梅の瓶のぞけばとろり水上がり塩が溶けゆく崩れるように

宮崎の訛に今もかかりくる二年に一度待つほどもなし

「牧水は同級生だぜおじさんの」自慢もひとつ置きて去りたり

ここにこうして

とりどりの彩なす布の蔵われし抽斗あけてながめておりぬ

かんばせの左右（そう）や地獄のももいろを立てて聞きおりあなたの噂

母親と祖母の会話におぼえしは溜息混じりの「貧すりゃ鈍する」

珈琲を啜りうつむく友人の赤い靴見ゆ椅子の隙(ひま)より

じゅんこさんが黙っていたらさみしくて「素敵な靴ね」耳に唇(くち)寄す

流沙越え来たりしガラス見ておれば魚より冷たき影動きたり

青銅の剣（つるぎ）ケースに収まりて叱られし子のふて寝のようだ

ペルシャより到りし玻璃ひそやかに青葉若葉の岡山にあり

いつの代や安閑陵より出土せしカットグラスの流離思えり

風に乾く白道行けり神辺（かんなべ）の刻の止まりし静けき昼

咲笑は艶葉の間（あい）の茶の一輪はなの位置にて眼つむれば

サルスベリがほろ酔うように囁きぬ「四百七十年ここにこうして」

行く夏の扉は開けず触れがたき一冊にしてわが『玉碗記』

ひともとの銀杏は聳えあっぱれと天に大書の本陣の秋

旅人のおもてなしとて池に飼う鯉も跳ねたり街道すじの

揮毫して土産もらいし菅茶山を里人うふふと語らいくるる

釘隠しは真向兎（まつこううさぎ）耳を垂れひそひそ話聞きているらし

普請にて借用ありや藤巴の黒田の家紋瓦に並ぶ

四

いつの世に

梅檀の幹に陽のさす坂道をたもとおりいつ猫缶買いに

後輪が不思議な音を立てにけりがりごごがりごガリゴゴガリゴ

道幅にバスタオルふわり舞い上がり平たくなりて軟着陸す

息を上げ自転車に空気を入れおればすこしかたむき空が縮まる

メタセコイアの巨きいち樹の枝々へ寄せてはかえす空のしき波

定家卿の指の動きやさしくて膚が翳らう棟の枝に

葦原が広がる岸辺にひと元の棟はでんと構えていたり

まったりと日々は過ぎゆき老い行くや朝よりの咳ひと月やまず

立葵の揺らぐ風情に結城着て「どうも」と言いてこの世去りたし

遠くより鈴音のしてちかづき来いつの世にして擦れ違いたる

うちそとのそれぞれの世や触れるなき古き玻璃の歪みを見上ぐ

朱を入れるにためらいのありさてもさて九十歳の恋歌さやぐ

その夫の膝に抱かるる家猫を妬む一首に立ち止まりたり

遠く住む子等より近くの悪女よしどうせ一度は死ぬのですから

後妻業を説明すれば真顔にて「金がないから」男ら下向く

秘密めく名前口にしきり気になく奥さんの顔ちらり窺う

「百物語」の九十九話の半ばあたり白石加代子の声ざらつきぬ

小雨ふる大安吉日ザリガニが小道をよぎる鋏を挙げて

竹の里人

遠く来てながくを祈る冬ざれに壱比賣さんは白い山茶花

いろうすれ人の死ぬがに散りぬるをゆすらはなびら空にひろがる

柿の木も木斛もまた切り倒すたおしきれない心うちそと

谷中から橋を渡りてふらふらとここぞ子規庵空気がちがう

うす紅の小さき柘榴にひかり揺れ竹の里人呼び出している

その膝を入れんと板をくりぬきし子規の机によろめきて立つ

ブロンズの胸像ありて覚えあり作者「坂手」は美作の姓

岡山

雨ふりを臭いたちくる街川に枝を垂らして木の花零る

カップ持つしばしをちょいと一字あけ　のような倉敷天領の街

昔むかし亜公園ありしはこのあたり百閒先生くしゃみして立つ

後楽園に亜ぐ公園の意なるとぞ夢のあとさきわが歩みいつ

ずたずたにぼこぼこにされ戻り来てさすらいのノラへたり込みたり

扉（と）のむこう復員兵がゲートルを巻きつつおおき影を広げる

みなもとは琵琶湖のほとり十三代木地師小椋の枝の大鉢

『脊梁山脈』読みて知りたる小椋氏の流離のはての美作津山

『脊梁山脈』ラストよきかな日輪は雪の山巓はや過りたり

弥生(いやおい)はいざ生きめやもかつかつともの喰いながら書き留めんとす

曇天の間より日がなこぼれくる濃きもうすきもさくら花びら

手繰り寄せ引き出す記憶の細波にふたつみつよつはなびら流る

終日をベンチに動かぬ老人がみるみる桜の一樹となりぬ

旅

鍋底のネコのしっぽの末っ子が生まれ在所に庭を掃きいつ
「中山道」

バンダナの男の淹れる珈琲のまことに美味し茶房「みのせや」

薄暗き店に突っ立ち「酒もある」この家の主人口を開けり

地図ひろげあくがれし妻籠と今に知る歌集『一つ灯』捲りつついて

中津川は大島大人の産土ぞ清き流れを車窓に見おり

*

「鎌倉」

いしぶみに晶子の織き文字ながれ滴るごとく実る珊瑚樹

文学館へ坂登りゆくこの道をコートの襟たて行きしや三島

高山樗牛ここに住みしを浜風に芙蓉はららぐ長谷寺に来ぬ

手ずれしたる文庫本古りし歳月の実らぬ恋をひそひそ語る

横笛を拒みし僧の骸ひとつ松が根元に乱れもあらず

*

「伊吹山」

葦を編み次々沈め地（つち）となす土木技術も携え来たり

伊吹山の麓あたり祖の地と小手をかざして見入る人あり

門口に貼られし紙垂（しで）に澄む陽ざし蘇民将来子孫なるとぞ

*

「伯備線」

墨をする匂いするかも朝明けの湖面にゆれるハーンの右目

合歓のはな鹿の子まだらのくれないに伯備線はや県境越ゆ

新見すぎ流れいつしか逆行し分水嶺とぞアナウンスあり

カンナ咲くわが覚えある無人駅おのずからにて深き礼する

学問に倦みて開きし歌集には錐を畳みに刺したる茂吉

白道

棄て難きものをすてて去り扉を押せばひかり粒々あふれくるなり

逆光にさやかに浮かぶ木の枝が指のようにも茜を弾く

うつくしい手のひらひらり手に量る杏ひとつや今に香りぬ

波の間にペットボトルが揺れはじめ夕べの岸に引き集めらる

「やあー」と言い近付きてくる弱虫の水よりさびしき笑顔さびしむ

「あの人はあなたに疲れた」穏やかに届く声ありありてひろがる

やるときはやる人でしたと評されてひっくり返り猫を抱き上ぐ

なまなまと蘇り来る言葉たちなだめおおかんか芽を出さぬよう

敵はやや斜め後ろにひそみいて花の頭しきり撫でているらし

白道は四、五寸がほど落ちぬよう右に左にTの字となる

噎せかえり梔子の香に眠られず時計回りにゆっくり歩む

漂流家族

名を問われ金魚と答えしわが姪がしきり子供が産みたいという

この世には益荒男なんぞいませんとひれ伏すごとく言い切る男

いつしらやどこからかしら傾きぬ身体の核の踏ん張りどころ

この世には手弱女なんぞいませんと討ち入りのごと言い張る女

壊すこと壊れることのたやすさに岩礁の上の漂流家族

ほんにまあお浄め塩の小袋が下駄箱のなか冷蔵庫の上

百年を待ち得る男と短気なる夫に挟まれ杯交わしたり

男達しずかに寄りて草を引き袋を背に消えゆきにけり

ぜんざいは神在（じんざい）なるよ心してこの白玉を箸に抓まん

Kindleを送り来しかな存分にもっと読むべしもっと読めとぞ

ランナー

川霧のわきたつ橋上なだれ来ぬトップ集団十人ほどの

有森さん清く流れる花として前へ前へと腕(かいな)泳がす

フルマラソン八年ぶりとぞ完走に有森裕子なみだ滲ます

桃太郎や鬼も手を振る急坂の十キロ地点われも手をふる

伴走の人も微笑み風切羽大きくひろげしランナーに添う

素足にて走る男の背にひったりと翅やぶれたる蝶がまつわる

収容車なるバス一台の通り過ぐまた降り出しし霧雨がなか

ほの赤くカンナも滲む傘のうち流れひとすじ世界を変える

名にし負う備前岡山「晴れの国」雲の間より青空のぞく

腸（はらわた）の襞とも見える夕焼けを掻き分けすすむ飛行物体

ほのあかり

女子寮の部屋の隅には登山靴と大きリュックつね置きてあり

消息は伝わり来らず四十年隔てて知らずその死を知らず

アイプラザの大窓占める欅若葉に昨年は読みにき師の恋の歌

壇上に工房の秘を語りつつアオギリ君は森に紛れぬ

くさぶねに寄せる白波ひたひたと日向訛の「リアル」いくたび

宮崎の男よきかな四十余年つかず離れぬ悪友ひとり

見も知らぬおんなの人が現れて「お久しぶり」と花の中より

噴き出し天狗のうちわの葉の間にひそと頭を垂れて咲き初む

白く咲き紅に凋みて酔芙蓉ほたほた落ちてほのあかりする

静子さん

赤光に全身を染め脚を上げ八十六歳朝の体操

七八と会話せしこと喜びて小春日和の散歩を終えぬ

「寿命だよ、それはあるよ」と言えるとき悲しみに添う老人の知恵

「食べなきぁ死ねる」少女のようにまっすぐに蜜柑むきつつ義母が呟く

生まれ在所備前熊山帰りたいと一度も言わず外の面見ており

帰る家もはやあらぬは諾えず恋文めきしを義兄が許へ

かくのごと封を為しは年寄りを真似し手つきに櫨のお櫃

年寄りといえど六十余り思えば果敢なし祖母の寿命の

現代版カインとアベルはお互いに踏ん張りあって口角に泡

兄弟のはたまた母子の争いの沸点たぎる春の宵なり

振り回す杖にて言えり「えいえいおー」出陣のごと帰り行きたり

義兄のため鶴を折りいき千の羽ひろげ飛び立ち何処行きけん

血族

ひそと来てひそと去りたる少年の翳やたゆたう水のおもてに

糸垂らす炎暑炎昼ふな釣りの水輪ひろげて浮子が動くよ

鍋底に卵も謳う五十年会わぬK氏の著書を開けば

異分野といえどおおかた定型にたぐえ読みいつ楽しみながら

十分はとうに過ぎゆき白妙の卵みつよつ爆発したり

制約が成長をよぶ例としてサウスウエスト航空ＩＫＥＡの知恵も

亡き人らインペリアルにささめきてざんざ白髪燭に煌めかす

「すすぐ」には雪の字よろし草も木も血族さえも遠くとおくへ

近づきて「真紀子です」と礼すれば青年の日の面差しはつか

一語一句胸に落として序のごとき夢の浅瀬に足とられたり

旅の鞄持ちくれ先を歩む背の直に伸びいつ寒風がなか

広島訛り

道問えば「いたしいですよ」と路地に立ち行きずりの人見送りくれぬ

マリア園に子を負い手をひき通いたりつたなく母にてありし広島

道幅の狭くなりいて門の位置変わりあるさえ寂しきものを

芙蓉の花うす紅に咲くこの辺りへアーサロン「イマン」きっとあるはず

見上げれば表札の名に覚えあり引き返し来てチャイム押したり

被服廠のレンガに沿いて歩みいつヒロシマと呼ばれ七十余年

広島の訛やさしき友といて遡行していく育児時間に

子ら連れて歌会に行きしこの町に皆やさしかり初心のわれに

癖のある息子の髪のカット終え「いい子だったね」と頭(ず)を撫でくれき

茶の花が楠の一樹のもとに咲く山ふところの藁葺の家

山裾の祖母の里なる甲山に乙女おばさんみのる姉さん

真白なる花一輪に屈まれば谿水の音全山つつむ

城址の野面積みなる石垣に声はも響け昭和の子らの

黒ずみて実生りゆたかの南天が野武士のごとく総身揺らす

古文書の記述ひそかにわが村は野辺の一輪咲(ひら)くがごとく

戦後の生まれ

鱗粉を散らしきらめく登り龍ま冬の闇を伸びあがりたり

小走りに焼け跡過ぎし午後十時しきり鳴く鳴く野良猫たちは

猫の声つねより高くなまめきて夜の火事場に肩を窄める

群肝（むらぎも）を掠め飛ぶ飛ぶ金色の火の粉魔の粉を星に連ねて

日本も核を持つべき大声に大男言えばテレビを消しぬ

自国のみ大切の声フランスやイタリアましてアメリカに満つ

生国は『八つ墓村』のモデルの地と男言いたりくぐもる声に

ぬる燗の備前の酒にゆるびたるくちもと漏るる津山の訛

大将もおかみも客も団塊の火照りを残す戦後の生まれ

シャラシャララ声明のごと音たてる薬缶をひょいとおかみが提げる

先客の背(そびら)ちらちら雪女与ひょうに箸をそっと手渡す

スプーン

足もとに降り来て転ぶ落葉（らくよう）やとりわけしるき朱のいち葉の

裾まくり駆け上りゆかん寒風の渦巻くここぞ紅梅坂は

ひとひらの手紙は雪の匂いして草靡く文字美しうする

一枚は白紙のままにいち枚は五行つゆ草ひと叢の青

立春のうねるひかりの笹ヶ瀬川に忘れ難かるひとりを削除

焦がすほど燃えてはるけく海に入る笹ヶ瀬川を見つめておりぬ

昼下がり地震（ない）ふる部屋に横縞の侏儒わきだして「大丈夫?」という

人間と話すことなくひと日すぎ名詞代名詞入れ替えており

えいえんの遊びのように入れ替えてまた入れ替えて歌作りおり

わたくしの芯に墜ちゆくロゴスあれば風切羽もて　会いたし

木の扉(ドア)の軋むたび見ゆ誰も彼も幸せに見ゆ　スプーンを落とす

硬すぎる果実ほとほとほろ苦く広き背（そびら）をいくたび探す

しるき香や綿ぼこりして春ならん小さな子供の腕のなかにも

月満ちて開きゆきける白妙の巨き花ありはなびら薄く

あとがき

歌集『風のあこがれ』は二〇〇一年（平成四）から二〇一七年（平成二十九）まで、ほぼ五十代から六十五歳までの四七七首を収めた第三歌集である。前歌集『花と爆弾』を上梓してから、気がつけば十七年目に入ろうとしている。この間に思いもよらない難儀もあったが、まずは健康であったことに感謝したいと思う。短歌をやめることなく続けることができたのは、家族や友人たちの支えのおかげだ。

二〇〇六年六月二十一日、師である近藤芳美は帰天された。同じ年の晩秋、矢も楯もたまらず広島県世羅郡世羅町を訪れた。近藤芳美の本籍地であり、一九九六年に文化功労者になられた際、この町の名誉町民にもなられた。その記念の会が当地で開催されたのは、一九九七年四月二十三日、澄んだ青空の春たけなわの日だったが、その時とはうって変わった、肌寒い、晩秋の雨のいち日の、小さな旅であった。帰路に立ち寄った田中美術館で、皇居大手濠緑地の和気清麻呂像や、日本橋三越の天女像の作者である佐藤朝山の多くの作品に出会ったことも、年月を経て、しみじみ思い出される。そして、師の励ましの御声はわが身からはなれることはない。

短歌という小さな詩型にこころを寄せ、自分でも詠むようになって四十年にもなろうとしている。耳を澄ませば聞こえてくる木から木へと渡るひそかな風の音のように、人から人へと伝えられる詩のかたちを私はとても愛しく思う。瞬間をとらえることで、人の表情やその場の気配といったものまでが、胸にたちあがり、記憶となって残っていく。

このさき、どのくらいの年が私に与えられているのかはわからないが、この詩型が、かならずや足もとを照らすあかりとなって、私のあゆみを導いてくれるだろうと信じている。

「未来短歌会」の歌友の皆さんにはいつも感謝しています。ほんとうにありがとうございます。このたびは、岡山在住の白日会会員、佐藤孝洋氏の作品「光」をカバー絵に使わせていただけたことは望外のよろこびです。ありがとうございました。また、岡山にあって、長く見守ってくださった小見山輝氏のお名前を感謝の思いを込めて記させていただきます。そして、装丁の大原信泉さん、北冬舎の柳下和久さん、大変お世話になりました。感謝申し上げます。

二〇一八年二月五日　　雪のちらつく日に

大谷真紀子

本書収録の作品は、二〇〇一（平成四）—二〇一七年（平成二十九）に制作された四七七首です。本書は著者の第三歌集になります。

著者略歴

大谷真紀子
おおたにまきこ

1952年（昭和27）3月6日、岡山県生まれ。78年頃より作歌を始める。91年、歌集『海人族（あまぞく）』（砂子屋書房）刊行。2001年、歌集『花と爆弾』（北冬舎）刊行。短歌誌「未来」会員。近藤芳美に師事。現在、日本現代詩歌文学館振興会評議員、日本歌人クラブ岡山県幹事、NHK学園講師。

現住所＝〒702-8027岡山市芳泉一丁目7-13

風（かぜ）のあこがれ

2018年5月10日　初版印刷
2018年5月20日　初版発行

著者
大谷真紀子

発行人
柳下和久

発行所
北冬舎
〒101-0062東京都千代田区神田駿河台1-5-6-408
電話・FAX　03-3292-0350
振替口座　00130-7-74750
http://hokutousya.jimdo.com/

印刷・製本　株式会社シナノ書籍印刷

ISBN978-4-903792-65-1　C0092